Analyse de l'œuvre

Par Brume et Paola Livinal

Le Parti pris des choses

de Francis Ponge

lePetitLittéraire.fr

FRANCIS PONGE

POÈTE FRANÇAIS

- **Né en 1899 à Montpellier (Hérault)**
- **Décédé en 1988 à Bar-sur-Loup (Alpes-Maritimes)**
- **Quelques-unes de ses œuvres :**
  - *Proêmes* (1949-1950), recueil de poèmes
  - *La Rage de l'expression* (1952), recueil de poèmes
  - *Pour un Malherbe* (1965), essai

Issu d'un milieu cultivé et littéraire, Francis Ponge semble avoir toujours privilégié l'autonomie et l'anticonformisme. Proche du surréalisme (mouvement littéraire et artistique entre les deux guerres mondiales), de l'existentialisme (doctrine philosophique, 1945-1955) et du communisme (théories politiques répandues après la Première Guerre mondiale [1914-1918]), il n'y adhère pourtant souvent qu'un temps, et n'en retire parfois même aucune valeur prescriptive pour l'élaboration de ses œuvres.

Lauréat du Prix international de poésie (1959) ou encore du Grand Prix de poésie de l'Académie française (1984), Ponge, s'il se défie d'un langage trop usé, trop employé et perdant son sens propre, cherche à répondre aux sollicitations, demandes et supplications des objets du quotidien. Il souhaite que le lecteur pénètre aisément dans ses recueils et que les textes lui donnent l'impression d'un nouveau regard sur le monde et sur les « choses ».

LE PARTI PRIS DES CHOSES

POÈMES EN PROSE SUR LES « CHOSES »

- **Genre :** poésie
- **Édition de référence :** *Le Parti pris des choses*, Paris, Gallimard, coll. « Folioplus », 2009, 170 p.
- **1re édition :** 1942
- **Thématiques :** objets, nature, morale, description, personnification, jeux de langage, humour

Second recueil poétique de Ponge, *Le Parti pris des choses* est composé de 32 poèmes en prose de longueur variable dans lesquels la présence du poète est relativement discrète.

Entre demande muette émanant des choses et volonté d'expression provenant de l'homme, l'œuvre emploie un style qui cherche à s'approcher le plus possible des caractéristiques physiques et linguistiques des objets décrits. Si cette quête mène tantôt au mutisme, tantôt au rire, la voix du poète se fait humble pour permettre la compréhension de la nature authentique de ces choses ordinaires.

Comme l'explique la chercheuse universitaire Danièle Leclair, *Le Parti pris des choses* « est toujours considéré comme le livre majeur de l'auteur, comme son recueil clé, indispensable à une véritable découverte de l'écrivain » (LECLAIR D., *Lire* Le Parti pris des choses *de Ponge*, Paris, Dunod, 1995, p. 11).

RÉSUMÉ

LA SIGNIFICATION DU TITRE

Lors du colloque de Cerisy (organisé par le Centre culturel international, à Cerisy-la-Salle, dans la Manche, en 1975), Francis Ponge revient sur le choix du titre de son recueil de poèmes : « *Le Parti pris des choses* aurait pu s'appeler [...] *Trente arts poétiques, Trente fables avec leur morale.* » (*ibid.*, p. 65) En effet, selon lui, chaque poème « propose aussi un Art poétique, c'est-à-dire qu'il peut être pris pour une leçon, et aussi bien une morale qu'une politique » (*ibid.*).

D'une part, ces propos révèlent la volonté de Francis Ponge d'écrire une poésie qui, en l'occurrence, interroge, cerne l'objet choisi, met au jour sa qualité et en tire une réflexion originale, au moyen de ce qui est l'idéal d'expression du poète selon lui : un travail de recherche sur la langue, différent pour chaque objet. Cette règle qu'il s'impose renvoie à l'art poétique que défendaient dans leurs écrits deux poètes qu'il apprécie : l'*Art poétique* d'Horace (poète latin,

65 av. J.-C.-8 av. J.-C.) dans l'Antiquité, et l'*Art poétique* de Boileau (écrivain français, 1636-1711) au XVIIe siècle.

D'autre part, ces propos se réfèrent au fabuliste du XVIIe siècle, Jean de La Fontaine (poète français, 1621-1695) que Francis Ponge admire. Les poèmes du *Parti pris des choses* qui mettent en vedette les choses pour mieux dire le rapport des humains au monde trouvent une filiation dans les fables de cet auteur du Grand Siècle. En effet, certains proposent un enseignement implicite qui peut être associé à une morale. Ainsi le poème « Escargots » expose la sagesse exemplaire que manifeste cet animal en différents points.

En outre, l'expression « parti pris » signale d'emblée que Ponge se pose en tant qu'écrivain. Il déclare d'ailleurs que le but de son travail doit être « une rectification continuelle de [son] expression [...] en faveur de l'objet brut » (PONGE F., *La Rage de l'expression*, Paris, Gallimard, 1976, p. 9). Ainsi, l'auteur ne se présente pas comme un poète, mais comme un écrivain qui souhaite « rendre compte d'une chose » (*ibid.*) sans tomber dans le « ronron poétique » (*ibid.*).

LA STRUCTURE DU RECUEIL

La rédaction de ces poèmes en prose s'est échelonnée de 1924 (« Pauvres pêcheurs ») à 1939 (« De l'eau »), avec ou sans prépublication dans une revue. Ce n'est pas l'écrivain, mais son éditeur, Jean Paulhan (1884-1968), qui a choisi les poèmes à paraitre, voulant ainsi présenter au public la palette d'écriture de son auteur.

Pour le montage de ce recueil, l'éditeur a choisi une disposition semblable à la coquille spiralée d'un escargot. Gagnant en croissance au fil de la composition, les premiers poèmes sont courts (quelques phrases), puis s'allongent (« Le Galet », dernier poème, fait 11 pages). L'auteur dit avoir trouvé cet agencement pertinent et éclairant.

D'après Émilie Frémond (enseignante de lettres modernes, responsable du dossier de l'édition de l'œuvre étudiée), le poème « Escargots », situé au centre du recueil, a « valeur de manifeste du projet pongien [...] » (p. 138). Elle explique en effet que l'utilisation de termes faisant allusion à la forme augmente au fil de la lecture, mettant en évidence le fait que la structure même du recueil imite la morphologie de l'escargot. Autrement dit, l'ouvrage a été composé à l'image de l'escargot, cet animal dont le moyen d'expression, qui n'est autre que la bave, renvoie à l'écriture du poète.

UNE POÉSIE DU QUOTIDIEN

Dans *Le Parti pris des choses*, Francis Ponge cherche à rendre compte de la beauté singulière qui émane du quotidien. Il prend ainsi comme sujet la banalité, les choses auxquelles nul ne prête attention, pour en exposer les qualités propres : les saisons, les plantes, les mollusques, le pain, etc. Il décrit d'une manière poétique – mais sans versification ni lyrisme – ces différents êtres, animés ou inanimés, en soulignant leurs caractéristiques physiques ou linguistiques. Par exemple :

- dans son poème « L'Orange » (p. 18), le fruit est présenté par le biais des sens (« la coloration glorieuse du liquide » [vue] ; « l'orange a meilleur goût » [gout] ; « sa façon particulière de parfumer l'air » [odorat] ; « l'épiderme [...] mince, mais très pigmenté [...] est juste assez rugueux » [toucher]) ;
- dans « Le Cageot » (p. 15), Ponge s'appuie sur

les propriétés linguistiques du terme (« À mi-chemin de la cage au cachot, la langue française a cageot »). Le poète offre de la sorte une nouvelle définition, unique et innovante, ainsi qu'une réflexion approfondie sur ces objets rarement reconnus à leur juste valeur ;

- suivant cette logique, il critique, dans « Bords de mer » (p. 39) le fait que l'homme a choisi cet endroit pour donner sa définition du grand bleu, alors qu'il ne s'agit que d'une représentation de la réalité, faussée par la perception humaine.

Ponge extrait ainsi la quintessence de l'objet banal (la cigarette), de la situation la plus triviale (la matinée au bureau), de l'animal le moins empathique (l'huitre), de l'être humain dans sa réalité sociale (la jeune mère) en travaillant les mots, au plus près de leur sujet.

ÉCLAIRAGES

LES INFLUENCES LITTÉRAIRES

En opposition à la tradition de la poésie lyrique, Ponge se réfère plutôt à des philosophes et poètes de l'Antiquité, en particulier Lucrèce (poète latin, 98 av. J.-C.-55 av. J.-C.) et son poème *De la nature des choses* (vers 50 av. J.-C.), ou Horace et son *Art poétique* (20 av. J.-C.-8 av. J.-C.). Dans leurs œuvres, il retrouve le thème de l'origine et de la formation du monde, une cosmogonie qu'il illustre entre autres par l'un des poèmes du recueil, « Le Galet » (p. 79).

La poésie française du XVIIe siècle rassemble quant à elle des personnalités telles que Boileau, Malherbe (poète français, 1555-1628) et La Fontaine qui font l'admiration de Francis Ponge. Dans son ouvrage, Danièle Leclair reprend les propos de Ponge : « Ils [Boileau, Malherbe et La Fontaine] se placent au-dessus de la poésie lyrique parce qu'ils montrent une maîtrise des passions (y compris celle de l'inspiration poétique, qu'il faut "laisser refroidir".) » (LECLAIR

D., *Lire* Le Parti pris des choses *de Ponge*, Paris, Dunod, 1995, p. 49)

Bien que Francis Ponge ne semble se rattacher à aucun style littéraire en particulier, il a néanmoins connu, rencontré et échangé avec les avant-gardes littéraires ou intellectuelles de son époque. Il rejette ainsi les excès du lyrisme des poètes qui le précèdent, qu'il perçoit comme l'expression poétique des sentiments personnels.

Le poème intitulé « La Fin de l'automne » rend particulièrement compte de la démarche du poète qui s'affranchit des codes :

- ce n'est pas l'automne, mais la fin de l'automne qui intéresse l'auteur ;
- sa description est brusquement interrompue (« Lorsque les petits bourgeons recommencent à pointer [...]. Mais là commence une autre histoire, qui dépend peut-être [...] de la règle noire qui va me servir à tirer mon trait sous celle-ci », p. 10) ;
- il va à l'encontre de l'automne flamboyant de la poésie lyrique, d'une part en présentant l'automne qui se liquéfie (« Tout l'automne à la fin n'est plus qu'une tisane froide. Les feuilles

mortes de toutes essences macèrent dans la pluie », p. 9), et d'autre part en personnalisant l'automne, impressionnante et caractérielle (« Décoiffée, elle a la tête dans la brume. [...] Ses chaussures, comme celles d'un vagabond, s'imprègnent d'eau et font de la musique. [...] Trois mois de réflexion salutaire dans cet état ; sans réaction vasculaire, sans peignoir ni gant de crin. Mais sa forte constitution y résiste », p. 9-10).

Dans les années 1930, Ponge se rapproche du mouvement du surréalisme, courant littéraire qui apparait dans la foulée de la Première Guerre mondiale. Révoltés par la violence du conflit, ses acteurs, portés par les deux grands fondateurs André Breton (écrivain français, 1896-1966) et Louis Aragon (poète français, 1897-1982), cherchent à exprimer leur rupture avec la société qui a conduit à ces atrocités, d'où le souci de l'action et de la révolution dans cette mouvance. Les surréalistes désirent créer un mouvement de libération de l'esprit, contre l'idée de la primauté de la raison, et sont ainsi en quête de rapprochements inattendus à partir desquels surgira le merveilleux du quotidien.

Si Ponge partage certaines conceptions avec ce mouvement, il ne suit néanmoins pas sa ligne directrice. En effet, les descriptions sont condamnées dans le *Manifeste du surréalisme* (1924) d'André Breton ; or, dans les poèmes de Ponge, celles-ci occupent une place importante. Le merveilleux, qui prime également pour les surréalistes, ne semble être présent dans les poèmes de Ponge que dans la manière de retranscrire les pensées des végétaux, mollusques ou objets environnants.

Francis Ponge entretient également quelques affinités avec l'existentialisme, doctrine philosophique qui s'est développée après la Seconde Guerre mondiale (1939-1945). Les acteurs de ce courant placent en avant le vécu de l'être humain plutôt que l'être. Ils définissent l'existence de l'homme par la manière dont il façonne son propre modèle de vie et ses valeurs, ainsi que par la façon dont il use de sa liberté d'action et d'expression.

En littérature, ce courant est relayé par des auteurs comme Jean-Paul Sartre (écrivain et philosophe français, 1905-1980) ou Albert Camus (écrivain français, 1913-1960) qui ont écrit des ouvrages de tout type comme du théâtre, des romans, des manifestes, des critiques, etc.

Ponge se rapproche de cette pensée existentialiste sur certains points, dans la mesure où ses poèmes cherchent à atteindre la véritable nature des choses, sans la modifier. L'auteur refuse dès lors de privilégier une trouvaille verbale ou d'opter pour « un style qui s'appuie trop sur les mots » (p. 89). Sa méthode de travail est d'ailleurs encensée dans l'article de Sartre « L'Homme et les choses » (*Situations* I, Paris, Gallimard, 2010).

CLÉS DE LECTURE

LE POÈME EN PROSE

Apparu au XIXe siècle, le poème en prose permet d'éviter l'usage traditionnel du langage et de retrouver une liberté totale d'expression. Il se distingue de la poésie classique principalement par le travail de la forme, car il n'utilise pas les rimes, les vers, ou encore les retours à la ligne systématiques. Il joue davantage sur la pluralité des sens qui se superposent, et emploie une large gamme de figures de style telles que les personnifications, les métaphores, les allitérations, etc.

Aloysius Bertrand (poète et dramaturge français, 1807-1841) a initié le poème en prose avec son recueil *Gaspard de la nuit* (1842). Le genre voit néanmoins sont épanouissement plus tard dans le siècle à travers notamment *Les Petits Poèmes en prose* (1869) de Charles Baudelaire (poète français, 1821-1867), les *Illuminations* (1870) d'Arthur Rimbaud (poète français, 1854-1891) et les *Divagations* (1897) de Stéphane Mallarmé (poète français, 1842-1898). Au XXe siècle, le genre, appelé aussi « vers libre », s'illustre avec Henri Michaux (poète d'origine belge, 1899-1984) et René Char (poète français, 1907-1988).

Francis Ponge refuse le qualificatif de « poète » et rejette même la poésie lorsqu'elle a tendance à basculer dans le pathos ou le lyrisme. La constante dans les poèmes en prose serait le souhait de leurs auteurs de ne pas utiliser un langage ajusté par les codes sociaux ni un lexique trop limité face à leur soif d'expression. Ponge déplore le fait que les poètes n'ont « pas à [leur] disposition d'autres mots ni d'autres grands mots (ou phrases, c'est-à-dire d'autres idées) que ceux qu'un usage journalier dans ce monde grossier depuis l'éternité prostitue » (PONGE F., Le Parti pris des choses, *précédé de* Douze petits écrits *et suivi de* Proêmes, coll. « Poésie », Paris, Gallimard, 2013, p. 156).

En cela, il rejoint Stéphane Mallarmé (poète français, 1842-1898) qui, dans *Le Tombeau d'Edgar Poe* (1877), écrit que le poète est celui qui veut « donner un sens plus pur aux mots de la tribu » (« Les poésies de Stéphane Mallarmé », in *La Revue indépendante*, 1887, p. 74), autrement dit au langage courant : la poésie pourrait s'attacher à faire jaillir la beauté au cœur même du quotidien.

C'est ce que Ponge semble développer dans ses textes en souhaitant faire revivre le choc émotionnel d'une première rencontre avec l'objet, de poser un regard objectif, nouveau et rigoureux.

Pour ce faire, il emploie fréquemment diverses figures rhétoriques :

- **la personnification**. Elle renvoie au fait d'attribuer une attitude humaine à un élément. Par exemple dans « Le Cageot », ce dernier est « ahuri d'être dans une pose maladroite à la voirie jeté sans retour » (p. 15) et constitue l'un « des plus sympathiques » (*ibid.*) objets. Il associe également le feu à un animal dans « Le Feu » (« Il marche à la fois comme une amibe et comme une girafe, bondit du col, rampe du pied », p. 26). De cette manière, il parvient à donner vie aux paroles, aux objets, aux végétaux ou aux animaux ;
- **l'allégorie**. Il s'agit d'une représentation indirecte d'une idée par une comparaison (action, être animé ou inanimé, etc.). Ainsi, dans « La Fin de l'automne », « la Nature [...] déchire ses

manuscrits, démolit sa bibliothèque, gaule rageusement ses derniers fruits » (p. 9) ;

- **l'allitération**. Elle consiste en une répétition d'une ou plusieurs consonnes dans une suite de mots. On retrouve par exemple une allitération en [k] dans « L'Huître » (« Les doigts curieux s'y coupent, s'y cassent les ongles » (p. 21) ;
- **la syllepse**. L'auteur utilise régulièrement un mot dans son sens propre et figuré et l'établit souvent à la fin de ses poèmes qu'il clôture sous forme de clausule. Dans la phrase : « Il a plu » (p. 8), tirée du poème « La Pluie », le sens des verbes « plaire » et « pleuvoir » se superposent. Ponge recherche le point commun et la différence saisissante entre l'écriture et l'objet, ou bien entre l'homme et l'objet ;
- **l'étymologie**. Le poète imagine de nombreuses fausses étymologies en réalisant des jeux de mots tels que « cageot » (p. 15) qui viendrait du mélange des mots « cage » et « cachot » ;
- **le cratylisme**. Terme provenant du dialogue de Platon (philosophe grec, 427 av. J.-C.-348 av. J.-C.), *Le Cratyle* (Ve siècle av. J.-C.-IVe siècle av. J.-C.), dans lequel l'un des personnages développe une théorie du langage qui soutient que

la phonétique des mots est directement liée à la réalité qu'elle désigne, donnant comme exemple les onomatopées (atchoum, miaou, coucou). Le mot suggèrerait aussi la chose qu'il désigne (chuchoter, ronronner, vrombir). Partisan probable de cette conception, Ponge analyse, de fait, dans son poème « Les Mûres », les concepts de maturité et de fruit qu'évoque la prononciation (« mûr » et « mûre »).

Les mots images

En usant d'analogies, de fausses étymologies, de personnifications, d'allégories, ou encore d'allitérations, Ponge joue autant avec le signifiant du terme choisi – c'est-à-dire l'image acoustique, ou la phonétique –, qu'avec le signifié – autrement dit le concept. Ponge analyse, de fait, dans son poème « Le Gymnaste », le rapport qu'entretient le mot « gymnaste » et le personnage auquel il renvoie. Il perçoit dans la lettre « g », un visage garni d'un bouc et d'une moustache ; et dans la lettre « y », une « queue à gauche » (p. 47), référence au phallus de l'homme.

Le poète use également de la majuscule et de l'italique dans certains de ses poèmes afin de mettre en évidence des mots en particulier. Comme l'exprime Danièle Leclair, « la majuscule [...] et l'italique soulignent, détachent une qualité de l'objet : LIQUIDE [pour « De l'eau », p. 44], *grand* [pour « Le Galet », p. 89] » (LECLAIR D., *Lire* Le Parti pris des choses *de Ponge*, Paris, Dunod, 1995, p. 110). De même, à la fin du poème « Faune et flore », le poète place le mot « flore » en majuscules afin d'insister sur son caractère immuable, intemporel, rappelant que la végétation est un éternel retour, contrairement à la faune, « leurs frères vagabonds » (p. 64), dont le thème a disparu depuis longtemps du texte.

Les « choses » et l'expression

Francis Ponge établit de nombreux parallélismes entre l'élément présenté et le moyen d'expression : l'écriture, la parole, ou encore la lecture.

En effet, il s'interroge ouvertement dans ses écrits sur son statut d'écrivain, la pérennité de son œuvre, la définition de l'écriture ou encore l'expérience de lecture :

- **la pérennité de l'œuvre littéraire**. Dans son poème « Le Galet », Ponge observe l'eau qui efface tous signes tracés dans le sable. Cela « donne à réfléchir » (p. 89) sur la disparition de ce que lui-même écrit ;

- **l'éloquence du poète**. Celle-ci est régulièrement comparée aux « choses », comme à l'extraction du jus de l'orange ou à la bave des mollusques. Ainsi, l'escargot réalise l'œuvre de sa vie éphémère en marquant son territoire à l'aide de sa bave, et de son côté, l'auteur, lui, réalise la sienne en posant son encre sur le papier ;
- **la définition de l'écriture**. L'écriture est décrite comme le plus grandiose des monuments, et est particulièrement appréciée par le poète, car elle s'avère être à la taille de l'esprit humain. Ainsi, dans « Notes pour un coquillage », Ponge relève que le point commun entre l'écrivain et le coquillage est « la véritable sécrétion commune du mollusque homme » (p. 61), autrement dit la bave pour l'animal et la parole pour l'homme. Ce moyen d'expression est ainsi la « chose la plus proportionnée et conditionnée à [leur] corps » (*ibid.*) ;
- **la lecture d'un poème**. Dans « Le Morceau de viande », Ponge semble esquisser un parallèle entre le morceau de viande, à consommer

rapidement, et l'expérience de la lecture. Il recommande ainsi au lecteur de lire un poème comme s'il était en cours de confection, et d'en apprécier le tout avant que celui-ci ne s'achève. En comparaison, l'homme se doit de manger son morceau de viande avant que celui-ci ne refroidisse pour en apprécier la saveur.

Il suggère ainsi au lecteur de renouveler le regard qu'il porte sur les objets, les réalités, et les êtres animés qui constituent son quotidien, pour leur offrir un nouveau sens, une sorte de connotation.

UNE COSMOGONIE

La cosmogonie fait état de la genèse du monde sur le mode scientifique ou mythique. Depuis que l'être humain s'interroge sur la formation de l'univers qui l'entoure, la science et les mythes fondateurs se sont en effet employés à y apporter des réponses.

Le Parti pris des choses répond au souhait de Ponge de rendre compte d'une cosmogonie en composant des poèmes décrivant l'origine et la conception de l'univers. Il marche ainsi dans les pas de Lucrèce et son poème *De la nature des choses*, qui tente d'enseigner le fonctionnement des phénomènes naturels en dehors de toute explication religieuse et de toute superstition, se rapprochant au plus près de la nature en tant que telle.

Le poème de Ponge le plus représentatif de ce projet est « Le Galet ». En effet, pour définir la forme du galet, le poète part du bloc de pierre primordial, et évoque toutes les étapes de désagrégation que subit celui-ci pour devenir un caillou poli dont la forme ultime est le grain de sable. La force du galet est « de ne pas se laisser confondre [...] par les eaux. Aussi, lorsque vaincu il est enfin du sable [...] il laisse à travers lui passer toute la mer, qui se perd en sa profondeur sans pouvoir en aucune façon faire avec lui de la boue » (p. 89). Ainsi se dégage de cette chose sans grand relief – le bloc de pierre –, une personnalité qui se laisse influencer et moduler par son environnement. À partir de ce sujet original, le poète réussit à proposer une leçon de vie, à en tirer une réflexion morale.

Par ailleurs, chaque poème semble se rapporter, selon ses thèmes, aux quatre éléments fondateurs de l'univers (la terre, l'eau, le feu et l'air) :

- l'élément terrestre regroupe une majorité des poèmes qui traitent de la végétation, des rochers, ou même des hommes. Ainsi, dans le poème « Le Pain », le poète compare le levain qui « éructe » (p. 24) lors de la confection du pain aux montagnes magmatiques ;
- l'eau, pour sa part, semble être un élément plus difficilement saisissable, qui file d'ailleurs « entre les doigts » (p. 44). La pluie est ainsi décrite comme un « mécanisme compliqué » (p. 8) ;
- le feu incarne, tout comme dans l'Antiquité, la destruction et l'enfer. Dans le poème « Le Feu », une allusion semble être faite au génocide juif durant la Seconde Guerre mondiale à travers l'idée des « masses contaminées » qui sont tuées au « gaz » (p. 26) ;
- l'air, enfin, est présent dans plusieurs poèmes par le biais de références au vent, comme dans « Le Cycle des saisons » (p. 27), ou aux odeurs, comme dans « L'Orange » (p. 18).

Ponge ne décrit pas les choses, il tente plutôt de les aborder, grâce à sa liberté créatrice, dans leur plus juste valeur en proposant une interprétation de leur genèse et de leur évolution. Parfois, celui-ci renonce à son intention car il « faudrait [...] plusieurs pages » (« Les Trois Boutiques », p. 63). Il invite alors le lecteur à méditer à son tour sur les choses : « La contemplation du bois et du charbon est une source de joies aussi faciles que sobres et sûres, que je serais content de faire partager. » (*ibid.*)

LA PUBLICATION ET LA RÉCEPTION DE L'ŒUVRE

La genèse

Au sortir de la Première Guerre mondiale, Francis Ponge échoue à son examen oral d'admission en licence de philosophie de la Sorbonne (Paris) et lors des épreuves d'entrée à l'École normale supérieure (Paris), car il ne réussit pas à exprimer sa pensée. Ceci révèle probablement l'une des raisons de l'intérêt du poète pour ce qui se tait, pour les choses en tant que telles.

Dans les années 1930, il travaille aux messageries des éditions Hachette, évoquées indirectement à travers les allusions aux entreprises et à leurs employés dans les poèmes « R. C. Seine no » et « Le Restaurant Lemeunier rue de la Chaussée d'Antin ». Le lecteur peut percevoir dans ces deux textes l'agacement qu'éprouve l'auteur vis-à-vis des productions médiocres que toute entreprise diffuse.

Alors que le Front populaire (1936-1938), une coalition de partis de gauche en France, sort vainqueur des élections, des grèves spontanées se déclarent dans les entreprises pour inciter le gouvernement à voter les réformes lancées par le monde ouvrier. Le parti communiste prend part à ces grèves. Ces deux textes encouragent ainsi le lecteur à comprendre les raisons qui ont poussé Ponge à appeler aux grèves en 1936. Déjà délégué syndical de la CGT (Confédération générale du travail), il adhère au parti communiste la même année – parti qu'il quittera 11 ans plus tard.

Par ailleurs, la Seconde Guerre mondiale le mène à s'impliquer fortement dans la Résistance où il rencontrera Albert Camus qui lui prêtera, avant publication, son manuscrit de *L'Étranger* (1942). Le personnage principal de cette œuvre, Meursault, marqué par l'absence de signification du monde, trouvera un écho dans la quête pongienne de la véritable nature des objets et dans ses réflexions. Ponge écrira, dans leur correspondance, que cet échange l'a aidé à « mieux penser ce qu'il pense » (CAMUS A. et PONGE F., *Correspondance (1941-1957)*, édition de Jean-Marie Gleize, Paris, Gallimard, coll. « Blanche », 2013).

En effet, l'absence de signification constitue pour Ponge une source d'inspiration. Danièle Leclair cite ainsi les propos de ce dernier : « Oui, *Le Parti pris* naît à l'extrémité d'une philosophie de la non-signification du monde (et de l'infidélité des moyens d'expression). Mais en même temps il résout le tragique de cette situation. Il dénoue cette situation. » (cité par LECLAIR D., *Lire* Le Parti pris des choses *de Ponge*, Paris, Dunod, 1995, p. 18)

La réception

Publié tardivement, mais néanmoins attendu, *Le Parti pris des choses* a été salué par le milieu littéraire et les existentialistes. Le peu de critiques négatives qu'il engendra lui ont reproché sa prise de distance par rapport aux préoccupations de l'époque (le recueil parait pendant l'Occupation [1940-1944]), contrairement aux œuvres de poètes engagés tels que Louis Aragon (poète et romancier français, 1897-1982) et Paul

Éluard (poète français, 1895-1952). Le recueil a subi également quelques moqueries, comme celle de François Mauriac à propos de la nature des objets choisis, dans le journal Le Figaro (28-29 juillet 1946) : « M. Francis Ponge, poète des objets les plus insignifiants. » (cité par LECLAIR D., *Lire* Le Parti pris des choses *de Ponge*, Paris, Dunod, 1995, p. 17)

À l'opposé, « les premiers articles favorables sont sensibles aux choix des objets comme sujets de poème, à l'originalité du point de vue par lequel l'homme s'efface pour laisser parler les choses » (*ibid.*). Danièle Leclair ajoute : « Ce que soulignent aussi ces articles, c'est la nouveauté du style. » (*ibid.*) Ainsi s'exprime Maurice Blanchot (écrivain et critique littéraire français, 1907-2003) : « C'est par le style que M. Francis Ponge découvre la vérité de ces objets. Le sien est d'un écrivain excellent [...], vif, rapide, sûr de ses mouvements et de ses images [...] mais aussi narquois, précis, méprisant. » (*ibid.*), de même « Claude-Edmonde Magny (écrivaine française, 1913-1966) note l'usage que Ponge fait de l'humour » (*ibid.*), tandis que Jean Tortel (poète et essayiste français, 1904-1993) « met tout de suite en garde son lecteur contre une lecture simpliste de Ponge » (*ibid.*).

Néanmoins, *Le Parti pris des choses* doit surtout sa notoriété à Jean-Paul Sartre qui rédige un article à son sujet dans lequel il approuve ce souhait de retourner vers la nature profonde des choses. Malgré cela, Ponge, lui, prend ses distances avec ces raisonnements et écrira : « Penser n'est pas raisonner, disait Braque [peintre français, 1882-1963]. Il avait raison, c'est peser. » (PONGE F., *L'Atelier contemporain*, Paris, Gallimard, 1977, p. 249) Il ne s'agit pas pour lui de théoriser (« raisonner »), mais d'évaluer, de considérer, de réfléchir (« peser »). Sous cet angle, il apparait évident que les rencontres artistiques et littéraires ont bel et bien contribué aux réflexions de Ponge, sans lui dicter, pour autant, sa ligne de conduite.

Dans *Le Parti pris des choses*, chaque poème apparait comme un exercice singulier et surprenant dont vient à bout le poète en prise avec les mots. Il s'agit pour lui d'un travail de création dont il fait partager le plaisir au lecteur. Cette idée de délassement correspond au principe de vie de Francis Ponge qui, ayant connu la guerre, l'Occupation, et vécu d'une façon plutôt précaire jusque vers la fin des années 1950, ne se résigne pas pour autant au malheur et parie sur l'espérance. Le poète distille cette leçon à travers ses descriptions du quotidien, invitant le lecteur à saisir dans l'observation de la moindre chose, un instant de bonheur.

PISTES DE RÉFLEXION

QUELQUES QUESTIONS POUR APPROFONDIR SA RÉFLEXION...

- Illustrez, à partir de l'œuvre *Le Parti pris des choses*, comment Ponge réussit à mettre en œuvre ce projet d'une poésie qui cherche à saisir l'objet dans sa différence, tel qu'il l'a formulé dans « Berges de la Loire » issu de son recueil *La Rage de l'expression* :

> « Que rien désormais ne me fasse revenir de ma détermination : ne sacrifier jamais l'objet de mon étude à la mise en valeur de quelque trouvaille verbale que j'aurai faite à son propos, ni à l'arrangement en poème de plusieurs de ces trouvailles. En revenir toujours à l'objet lui-même, à ce qu'il a de brut, de différent : différent en particulier de ce que j'ai déjà (à ce moment) écrit de lui. Que mon travail soit celui d'une rectification continuelle de mon expression (sans souci a priori de la forme de cette expression) en faveur de l'objet brut. » (*La Rage de l'expression*, Paris, Gallimard, 1976, p. 9)

- D'après vous, les « trouvaille[s] verbale[s] » (*ibid.*), par exemple les fausses étymologies, la construction du poème, les allitérations ou assonances), ne nuisent-elles pas à la célébration de l'objet, comme Ponge écrit vouloir le faire ?
- Selon vous, les poèmes de Ponge sont-ils plus proches de la définition ou de la description ?
- Comment le poète cherche-t-il à comprendre la nature des choses, leur histoire et leur esprit, sans se focaliser uniquement sur leurs caractéristiques physiques ? Relevez dans le recueil chacun de ces éléments.
- Observez et commentez le rôle de la typographie dans les poèmes « Le Gymnaste », « Les Trois Boutiques » et « Faune et flore ». Quels usages sont faits des majuscules et minuscules, et dans quel but ?
- Quels poèmes établissent des rapprochements entre l'écriture et l'objet du quotidien ?
- Tout au long du recueil, Ponge exprime ses interrogations sur le pouvoir de l'écriture. Repérez dans quel passage et essayez de percevoir s'il s'agit davantage d'un éloge ou d'une crainte.
- Ponge a un intérêt personnel pour le silence. Reliez les éléments autobiographiques aux al-

lusions à ce dernier dans les poèmes du recueil. Comment expliquez-vous cette fascination pour ce qui se tait ?

- Peut-on parler de satire des hommes dans *Le Parti pris des choses* ?
- À la manière de Ponge dans *Le Parti pris des choses*, rédigez un petit texte à propos d'un objet, d'un animal, d'un végétal, ou d'une situation de la vie quotidienne.

Votre avis nous intéresse !
Laissez un commentaire sur le site de votre librairie en ligne
et partagez vos coups de cœur sur les réseaux sociaux !

POUR ALLER PLUS LOIN

ÉDITION DE RÉFÉRENCE

- Ponge F., *Le Parti pris des choses*, Paris, Gallimard, coll. « Folioplus », 2009.

ÉTUDES DE RÉFÉRENCE

- Camus A. et Ponge F., *Correspondance (1941-1957)*, Paris, Gallimard, coll. « Blanche », 2013.
- Leclair D., *Lire* Le Parti pris des choses *de Ponge*, Paris, Dunod, 1995.
- Ponge F., « Berges de la Loire », in *La Rage de l'expression*, Paris, Gallimard, 1976.
- Richard J-P., « Francis Ponge », in *Onze études sur la poésie moderne*, Seuil, coll. « Points », 1964.
- Sartre J-P., *L'existentialisme est un humanisme*, Paris, Gallimard, coll. « Folio essais » (n 284), 1946.

Retrouvez notre offre complète sur lePetitLittéraire.fr

- des fiches de lectures
- des commentaires littéraires
- des questionnaires de lecture
- des résumés

ANOUILH
- Antigone

AUSTEN
- Orgueil et Préjugés

BALZAC
- Eugénie Grandet
- Le Père Goriot
- Illusions perdues

BARJAVEL
- La Nuit des temps

BEAUMARCHAIS
- Le Mariage de Figaro

BECKETT
- En attendant Godot

BRETON
- Nadja

CAMUS
- La Peste
- Les Justes
- L'Étranger

CARRÈRE
- Limonov

CÉLINE
- Voyage au bout de la nuit

CERVANTÈS
- Don Quichotte de la Manche

CHATEAUBRIAND
- Mémoires d'outre-tombe

CHODERLOS DE LACLOS
- Les Liaisons dangereuses

CHRÉTIEN DE TROYES
- Yvain ou le Chevalier au lion

CHRISTIE
- Dix Petits Nègres

CLAUDEL
- La Petite Fille de Monsieur Linh
- Le Rapport de Brodeck

COELHO
- L'Alchimiste

CONAN DOYLE
- Le Chien des Baskerville

DAI SIJIE
- Balzac et la Petite Tailleuse chinoise

DE GAULLE
- Mémoires de guerre III. Le Salut. 1944-1946

DE VIGAN
- No et moi

DICKER
- La Vérité sur l'affaire Harry Quebert

DIDEROT
- Supplément au Voyage de Bougainville

Dumas
- Les Trois Mousquetaires

Énard
- Parlez-leur de batailles, de rois et d'éléphants

Ferrari
- Le Sermon sur la chute de Rome

Flaubert
- Madame Bovary

Frank
- Journal d'Anne Frank

Fred Vargas
- Pars vite et reviens tard

Gary
- La Vie devant soi

Gaudé
- La Mort du roi Tsongor
- Le Soleil des Scorta

Gautier
- La Morte amoureuse
- Le Capitaine Fracasse

Gavalda
- 35 kilos d'espoir

Gide
- Les Faux-Monnayeurs

Giono
- Le Grand Troupeau
- Le Hussard sur le toit

Giraudoux
- La guerre de Troie n'aura pas lieu

Golding
- Sa Majesté des Mouches

Grimbert
- Un secret

Hemingway
- Le Vieil Homme et la Mer

Hessel
- Indignez-vous !

Homère
- L'Odyssée

Hugo
- Le Dernier Jour d'un condamné
- Les Misérables
- Notre-Dame de Paris

Huxley
- Le Meilleur des mondes

Ionesco
- Rhinocéros
- La Cantatrice chauve

Jary
- Ubu roi

Jenni
- L'Art français de la guerre

Joffo
- Un sac de billes

Kafka
- La Métamorphose

Kerouac
- Sur la route

Kessel
- Le Lion

Larsson
- Millenium I. Les hommes qui n'aimaient pas les femmes

Le Clézio
- Mondo

Levi
- Si c'est un homme

Levy
- Et si c'était vrai…

Maalouf
- Léon l'Africain

Malraux
- La Condition humaine

Marivaux
- La Double Inconstance
- Le Jeu de l'amour et du hasard

Martinez
- Du domaine des murmures

Maupassant
- Boule de suif
- Le Horla
- Une vie

Mauriac
- Le Nœud de vipères

Mauriac
- Le Sagouin

Mérimée
- Tamango
- Colomba

Merle
- La mort est mon métier

Molière
- Le Misanthrope
- L'Avare
- Le Bourgeois gentilhomme

Montaigne
- Essais

Morpurgo
- Le Roi Arthur

Musset
- Lorenzaccio

Musso
- Que serais-je sans toi ?

Nothomb
- Stupeur et Tremblements

Orwell
- La Ferme des animaux
- 1984

Pagnol
- La Gloire de mon père

Pancol
- Les Yeux jaunes des crocodiles

Pascal
- Pensées

Pennac
- Au bonheur des ogres

Poe
- La Chute de la maison Usher

Proust
- Du côté de chez Swann

Queneau
- Zazie dans le métro

Quignard
- Tous les matins du monde

Rabelais
- Gargantua

Racine
- Andromaque
- Britannicus
- Phèdre

Rousseau
- Confessions

Rostand
- Cyrano de Bergerac

Rowling
- Harry Potter à l'école des sorciers

Saint-Exupéry
- Le Petit Prince
- Vol de nuit

Sartre
- Huis clos
- La Nausée
- Les Mouches

Schlink
- Le Liseur

SCHMITT
- La Part de l'autre
- Oscar et la Dame rose

SEPULVEDA
- Le Vieux qui lisait des romans d'amour

SHAKESPEARE
- Roméo et Juliette

SIMENON
- Le Chien jaune

STEEMAN
- L'Assassin habite au 21

STEINBECK
- Des souris et des hommes

STENDHAL
- Le Rouge et le Noir

STEVENSON
- L'Île au trésor

SÜSKIND
- Le Parfum

TOLSTOÏ
- Anna Karénine

TOURNIER
- Vendredi ou la Vie sauvage

TOUSSAINT
- Fuir

UHLMAN
- L'Ami retrouvé

VERNE
- Le Tour du monde en 80 jours
- Vingt mille lieues sous les mers
- Voyage au centre de la terre

VIAN
- L'Écume des jours

VOLTAIRE
- Candide

WELLS
- La Guerre des mondes

YOURCENAR
- Mémoires d'Hadrien

ZOLA
- Au bonheur des dames
- L'Assommoir
- Germinal

ZWEIG
- Le Joueur d'échecs

L'éditeur veille à la fiabilité des informations publiées, lesquelles ne pourraient toutefois engager sa responsabilité.

www.lepetitlitteraire.fr

ISBN version numérique : 978-2-8080-0620-0
ISBN version papier : 978-2-8080-0621-7
Dépôt légal : D/2017/12603/861

Avec la collaboration de Paola Livinal pour les chapitres « La signification du titre » et « Les mots images ».

Conception numérique : Primento,
le partenaire numérique des éditeurs.

FÉDÉRATION
WALLONIE-BRUXELLES

Ce titre a été réalisé avec le soutien de la Fédération Wallonie-Bruxelles, Service général des Lettres et du Livre.

Printed in Great
Britain
by Amazon

31312401R00034